PROJET

POUR

LA CONSTITUTION FRANÇAISE

DES PLUS COMPLETS,

SOUMIS AU PEUPLE QUI RÉFLÉCHIT

ET

A L'ASSEMBLÉE NATIONALE DE FRANCE,

Par L. M. PERENON, Lyonnais.

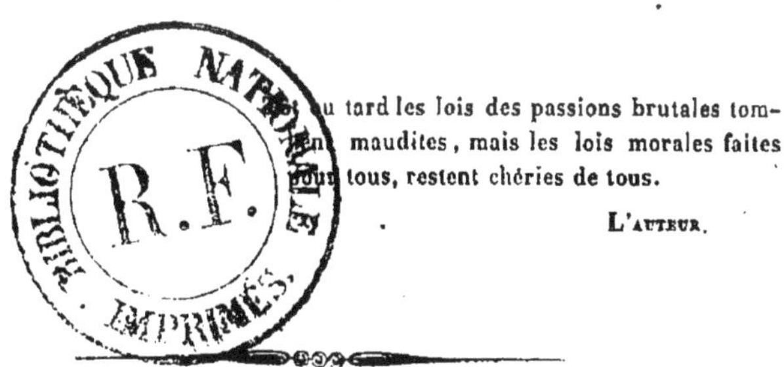

... u tard les lois des passions brutales tom-
... maudites, mais les lois morales faites
... tous, restent chéries de tous.

L'AUTEUR.

Paris et Lyon.

CHEZ LES MARCHANDS DE NOUVEAUTÉS.

1848.

PROJET

DE

CONSTITUTION FRANÇAISE.

En présence et au nom du Dieu suprême de tous les hommes : le peuple français veut l'ordre, l'économie, la prospérité, et veut vivre en travaillant. Il a confié ses pouvoirs sous réserve à une assemblée nationale pour former sa Constitution et déclaration sociale.

ART. Ier. Les devoirs de l'homme en société, sont le respect de la Constitution faite par tous et pour tous, et sanctionné de tous.

L'obéissance aux lois, la défense de sa patrie ; faire à autrui tout le bien que l'on veut qu'il nous fasse, et ne pas lui faire le mal que nous ne voulons pas qui nous soit fait à nous-mêmes. De ce principe naît le droit sacré de vivre libre en s'éclairant, en travaillant et commerçant avec fraternité, mœurs et franchise.

ART. II. La Constitution garantit à tous les citoyens, toutes les libertés sans abus, celles de conscience, de circuler ou de s'arrêter sans gêner personne, de s'assembler paisiblement, de jouir du fruit de son travail et de ses propriétés, de déléguer et de fonder de pouvoir, de remplacer à temps ou de se louer comme professeur, commis, domestique et remplaçant (1).

ART. III. L'égalité en droits et en devoirs devant la loi, est telle que le Créateur l'a faite, sans esclavage aucun.

ART. IV. La sûreté individuelle et publique est protégée également par les lois.

____

(1) Voyez les notes et preuves des motifs divers à l'appui ci-après.

Art. V. L'enseignement est libre, mais surveillé dans son développement intellectuel, physique, artistique, gymnastique et moral, et l'instruction publique est salariée par l'Etat.

Art. VI. La propriété immobilière, légitime, utilisée, est fille du travail aussi ancienne que le monde.

La propriété mobilière et littéraire, fille du génie et des arts utiles, n'est pas moins inviolable.

Mais quiconque refuse de faire valoir son trésor en l'enfouissant, est un avare anti-social, qui l'expose à la rouille et l'abandonne de fait au premier qui le découvre.

Art. VII. Le travail bien fait doit être productif, salarié, proportionnel au besoin, au temps et à l'œuvre.

Art. VIII. Le commerce sans entraves, a droit à l'aide dans ses consommations, dans ses débouchés, et doit être protégé par les lois contre les désordres, l'anarchie et les banqueroutes à l'intérieur; et à l'étranger par des traités salutaires. Ces charges seront allégées par des impôts proportionnels, progressifs sous des droits de douane mitigés sur les matières pı emières nécessaires; assuré de primes pour l'exportation, et pour l'importation des objets rares les plus intéressants au pays.

Art. IX. Le maintien public des bonnes mœurs est un droit contre les écrits licencieux et corrupteurs, et contre tout exemple de désordre et de débauche.

Art. X. Le droit de pétition à l'assemblée nationale peut être exercé, écrit ou imprimé.

Art. XI. Toutes fonctions civiles, militaires, judiciaires, etc., données sous le suffrage universel aux capacités morales des candidats éligibles, sont soumises à un concours spécial et public, et en cas d'égalité d'âge et de mérite, sont soumises au tirage au sort.

Mais tout fonctionnaire est responsable et règle ses comptes administratifs ou états au sortir de charge.

Art. XII. La France est hospitalière, tous les opprimés sont ses frères, elle accueille et protége l'industrie, les beaux arts et tous les bienfaiteurs de l'humanité. Les chefs d'œuvre, les bibliothèques, les musées, les monuments, les propriétés, les édifices publics, sont tous mis sous la sauve-garde des citoyens et des lois; la nation ne repousse que le vandalisme anti-social, et ne reconnaît parmi ses enfants, de distinctions, que le mérite et les vertus.

ART. XIII. Enfin, l'assistance éclairée, généreuse et forte, est un droit sacré en France, elle est offerte et due à tous les citoyens qui en ont besoin.

ART. XIV. Le droit de la garde nationale est inaliénable.

CONSTITUTION FRANÇAISE.

SECTION Ire.

Souveraineté nationale.

ARTICLE 1er. La France est déclarée République démocratique, une, indivisible.

ART. 2. La République française a pour principes : liberté, égalité, fraternité, sûreté, instruction, culte, propriété, travail, commerce, récompense et honneur au mérite.

ART. 3. L'admission franche de toutes les capacités morales aux emplois, étant un droit, les charges proportionnelles, progressives, sont également un devoir pour tous les citoyens en général.

ART. 4. Tout refus d'impôt du contribuable qui peut payer, donne lieu à des poursuites de droit contre ce qu'il possède.

ART. 5. Tous les moyens honnêtes d'économie, de réduction dans les emplois et dans le salaire des fonctionnaires principaux, d'offrandes, de dévouement à la patrie, sont un devoir sacré dans les besoins urgents de l'Etat.

ART. 6. Le peuple souverain se réserve le droit de changer, modifier sa forme de gouvernement et sa Constitution dans l'intérêt de tous.

ART. 7. La souveraineté du peuple réside dans

l'universalité des Français. Elle est inaliénable autant que le peuple le veut.

Art. 8. Aucun individu, aucune commission, aucun pouvoir, sous quel nom que ce soit, ne peut s'arroger ni usurper la dictature, le consulat ou la présidence.

Art. 9. Toute fonction est censée vacante et peut être mise en concours après dix ans de possession; à la science et aux capacités égales, un jury créé pour cet effet préférera le fonctionnaire sortant, mais toute intrigue odieuse pour parvenir, exclut de l'emploi pour toujours.

Art. 10. Tous les pouvoirs publics émanent du peuple, ainsi l'assemblée nationale unique ne peut s'attribuer des pouvoirs illimités, ni s'éterniser hors de son mandat relatif et borné.

Art. 11. Les représentants n'ont de délégation fixe que par la loi, et la séparation des pouvoirs est la base conditionnelle du gouvernement français.

SECTION II.

Pouvoir législatif.

Art. 12. Le peuple français délègue le pouvoir législatif à une assemblée unique, sous un chef de son choix, celle-ci peut prévenir toute erreur en rédaction, se sous-diviser et réviser par comités épuratoires, réformer, retrancher, éclaircir ou ajouter à un projet de loi quelconque avant sa promulgation; autrement les corrections ou améliorations seront faites à la prochaine session législative.

Art. 13. L'élection a pour base la population française ou devenue française.

Art. 14. Le nombre total des représentants législateurs du peuple sera de huit cent y compris les représentants de l'Algérie et des colonies françaises; tous sont indemnisés à 20 francs par jour. Et ce nombre s'élèvera à mille pour les assemblés qui réviseront la Constitution.

Art. 15. 1° Le suffrage est direct et universel; 2° l'éligible est sujet à un concours public d'examen sur ses capacités et ses mœurs, et jurera avant d'être admis, qu'il est défenseur de l'ordre, de la famille, du travail, de la propriété et au besoin de sa patrie.

ART. 16. sont électeurs tous les français âgés de 25 ans et jouissant de leurs droits civils, politiques et moraux, ayant domicile certain depuis un an.

ART. 17. Tous électeurs absents peuvent déléguer en leur absence des électeurs parents ou amis, par procuration en forme, déposée sur le bureau et porteurs de la carte d'électeur.

Tout électeur refusant d'assister aux élections est passible de 10 francs d'amende au profit des pauvres et sera rayé de droit des listes électorales.

ART. 18. Les veuves nées françaises, domiciliées depuis plus d'un an dans la localité, et toutes demoiselles âgées de 30 ans au moins et 60 au plus, commerçantes, patentées, artistes, auteurs ou femmes de lettres jouissantes de leurs droits civils, politiques et moraux, pourront voter ou déléguer par procuration un électeur de leur section, dépositaire et porteur de leur vote clos et signé.

ART. 19. Tout exclus du droit électoral, tout condamné pour vol, attentat aux mœurs, pour escroquerie, pour faux, et à des peines infamantes, tout failli et banqueroutier non réhabilité, tout scrutateur infidèle ou aidant la fraude aux élections, tout électeur à double bulletin, tout porteur de fausses cartes électorales, tout substituteur, soustracteur de bulletins, tout scrutateur dénaturant les noms à dessein en les lisant mal, ou autrement qu'ils ne sont, en faveur de tel ou tel, ou en désignant l'éligible comme inconnu; enfin, sont exclus tous ex-intimidateurs, menaçants, influenciers, etc. Tous ces faussaires d'élections perdent de fait leurs droits civils d'électeurs indépendamment d'autres peines plus graves s'il y a lieu.

ART. 20. Tout bulletin d'électeur est secret, sur papier blanc manuscrit seulement et signé au bas, lisible, sans rature ni surcharge. Tout bulletin double est nul; tout bulletin séditieux l'est également.

ART. 21. Tout dépouillement de bulletin de vote au scrutin sera public, lu à haute voix, et fait pendant le jour en présence de deux magistrats, et les boîtes des dits bulletins seront gardées avec soin par la force publique en lieu clair et sûr.

Les élections ont lieu le dimanche.

Élections des Représentants.

ART. 22. Tout représentant illétré n'est pas admissible à l'assemblée nationale, il en est de même de tout éligible mal famé, etc.

ART. 23. Tout représentant reçu, demandera et recevra des sections de son département le cahier expressif des besoins et des vœux des localités, et s'en occupera réellement. Il répondra aux pétitionnaires qui lui écriraient et demanderaient réponse avec convenance.

ART. 24. La loi électorale désignera les fonctionnaires et les magistrats qui ne peuvent être élus pour cumul, avarice, flétrissure, immoralité, etc., et ceux qui ne peuvent être élus dans le ressort territorial où ils exercent leurs fonctions; enfin, nulle place de représentant ne restera plus d'un mois vacante; autrement tout électeur de la localité pourra sommer le ministre ou le préfet négligent d'exécuter la loi et de remplir son devoir, ou de donner sa démission, sous toute responsabilité légale.

ART. 25. Tout candidat d'une section ayant des capacités parlementaires connues, a droit de préférence sur un candidat étranger, eut-il même dix voix de moins que l'étranger.

Il est défendu de même de rechercher et incriminer en lui l'opinion passée d'un honnête et capable candidat, comme moyen exclusif.

ART. 26. L'assemblée nationale vérifie à chaque session les pouvoirs et les droits de ses membres, et statue sur la validité des élections et les capacités des élus.

ART. 27. Elle est élue sans lacune pour cinq ans et peut se renouveler intégralement; elle ne vote qu'après examen.

ART. 28. Elle est permanente, avec la faculté de s'ajourner, mais sans pouvoir excéder trois mois.

Art. 29. Les représentants peuvent être réélus; et ils représentent généralement la France.

Art. 30. Ils ne peuvent recevoir de mandat impératif, ni se lier et s'engager à résilier leur pouvoir au service d'exigences anarchiques, ou ruineuses au pays.

Art. 31. Les représentants du peuple sont inviolables, ils ne peuvent être exclus de l'assemblée, sans jugement motivé, et sans avoir été entendus.

Art. 32. Ils peuvent être attaqués devant les tribunaux pour dette alimentaire, rentes, frais de locations, impressions et fournitures quelconques, etc. ; mais ils ne peuvent être recherchés, ni accusés, ni jugés en aucun temps pour les opinions qu'ils ont émises dans le sein de l'assemblée nationale.

Art. 33. Ils ne peuvent être poursuivis ou arrêtés qu'en cas de preuve criminelle et de flagrant délit réel, après que l'assemblée en a permis la poursuite.

Art. 34. Sont incompatibles avec le mandat législatif toutes les fonctions publiques salariées, pour lesquelles ils pourront opter dans la huitaine de leur élection et dont le cumul leur est interdit.

Art. 35. Aucun représentant ne peut, pendant la durée de la législature et un an après, être nommé ou promu à des fonctions importantes, dont les titulaires sont choisis ou révoqués à volonté par le pouvoir exécutif.

Art. 36. Les membres de l'assemblée nationale exerçant des fonctions publiques provisoires, nécessaires et d'urgence ne cessent point par le fait leurs fonctions de représentants, mais ils ne peuvent jouir de deux traitements à la fois.

Art. 37. Un représentant ne peut exercer à la fois plusieurs fonctions, celle de ministre, de conseiller d'Etat, d'Evêque, d'ambassadeur, ministre plénipotentiaire, préfet, commandant de garde nationale, général d'armée, président d'un tribunal ou d'une cour sédentaire, etc., hors de l'assemblée; et cela pendant plus d'un mois, sans incompatibilité, et renonciation par le fait au traitement d'une des fonctions disponibles après le délai d'un mois expiré.

Art. 38. Chaque représentant du peuple reçoit une

indemnité de 20 francs par jour payée mensuellement, tout le temps qu'il assiste aux séances, ou qu'il est employé en missions du gouvernement, ou s'il lui survient quelque maladie ou accident pour le fait du service gouvernemental. Toute absence et congés étrangers aux affaires de l'Etat, ne peuvent valoir un traitement, mais le représentant peut refuser l'indemnité qu'il reçoit de l'Etat.

ART. 39. Les séances de l'assemblée sont publiques, néanmoins l'assemblée peut demander le comité secret, si la majorité de l'assemblée adopte cette proposition.

ART. 40. Le président en chef de l'assemblée n'est qu'honoraire, et se renouvelle au besoin tous les mois, tiré au sort sur les candidats capables que présente l'assemblée après le vote fait à la majorité. Son traitement n'est que celui de représentant, les frais de bureau et de représentation sont fixés à 30,000 fr., sauf un quart en plus pour les cas imprévus réels.

Le président fait respecter le réglement, veille et préside à la police et à la dignité de l'assemblée.

Toute injure, tout outrage et provocations sont rappelés à l'ordre. Le vice-président remplace le président et à défaut le doyen d'âge.

ART. 41. L'assemblée rend des lois et des décrets, les projets en sont déposés à la questure, et une copie exacte en est distribuée aux représentants en séance, ou même à domicile.

Les décrets n'ont rapport qu'à des intérêts locaux et privés.

ART. 42. La présence de la moitié plus deux, des membres de l'assemblée est nécessaire pour valider tous les votes des lois.

Le réglement fixe le nombre des membres nécessaires pour le vote des décrets.

ART. 43. Aucun projet de loi ou de décret d'urgence, ne sera voté sans dépôt fait à la questure et sans envoi lithographié, autographié ou imprimé, et qu'après trois lectures faites à des intervalles qui ne peuvent être moindres de dix jours, et ce projet sera toujours précédé d'un exposé motivé.

La proposition en est renvoyée séance tenante dans

les bureaux ; et une commission nommée par les bureaux fait un rapport sur l'urgence seulement. l'assemblée apprécie l'urgence, la déclare motivée ou la rejette ; alors le projet suit le cours ordinaire des propositions à discuter.

SECTION III.

Pouvoir exécutif.

Art. 44. Le peuple français délègue le pouvoir exécutif à un ou à plusieurs citoyens temporairement avec fixité de durée ou indéfiniment avec prorogation, s'il l'est à un seul chef de l'Etat, il peut prendre sur l'assentiment général, tacite ou prononcé, le titre de premier ou suprême président, de premier consul, général, de gouverneur suprême de l'Etat, ou autre dénomination analogue au choix du peuple consulté ; si le chef de l'Etat n'a pas nommé les ministres dans un délai fixé, les assemblées nationales y pourvoiront en nombre nécessaire.

Art. 45. Le chef de l'Etat ne peut exercer la dictature, ni l'empire, etc., sans un pouvoir nouveau et sauf les besoins extraordinaires de l'Etat, mais c'est un provisoire de responsabilité spéciale.

Art. 46. Le chef de l'Etat peut être pris dans les rangs des représentants reconnus capables, comme en dehors, mais il doit êtré sans reproche, être né français et âgé de plus de 25 ans et la qualité de français, d'éligible ne se perd pas par une injuste proscription ou exil ; à défaut du président, les ministres exercent chacun en ce qui les concernent le pouvoir exécutif.

Art. 47. Il est assisté d'un conseil d'Etat, composé de personnes d'élite, éclairées, consciencieuses et d'âge mur.

Art. 48. Le chef de l'Etat, quelque soit son titre caractéristique d'appellation, est nommé par le suffrage direct et universel au scrutin secret et à la majorité absolue des votants libres et présents, et il est inviolable comme tout représentant.

Art. 49. Les procès-verbaux des élections sont

transmis immédiatement à l'assemblée nationale, qui statue sans délai sur la validité de l'élection, et proclame président, chef, gouverneur, consul, etc., l'*élu* de la République.

Art. 50. Si un candidat n'a pas obtenu plus de la moitié des suffrages exprimés, l'assemblée nationale élit le chef de la République à la majorité absolue et au scrutin secret parmi les cinq candidats irréprochables qui ont obtenu le plus de voix.

Art. 51. Le chef de l'Etat est élu pour cinq ans, et n'est rééligible qu'au temps expiré, et le peuple content de lui, peut le maintenir dans ce rang suprême ou renoncer en sa faveur à une partie ou à la presque totalité de ses droits, à un terme plus ou moins long ou prorogé à vie, etc.

Art. 52. La charge du chef de l'Etat est de surveiller et d'assurer la prompte exécution des lois.

Art. 53. Il dispose de la force armée de terre et de mer, des gardes nationales et des corps auxiliaires et spéciaux de la France et des colonies, il peut même, en besoin urgent, les commander en personne.

Art. 54. Il ne peut céder, ni échanger, ni laisser prendre sans défense aucune portion du territoire ou des colonies, ni dissoudre le corps législatif, ni suspendre de lui-même, en aucune manière, l'empire de la constitution et des lois, ni suspendre arbitrairement les journaux et autres écrits.

Art. 55. Sera déclaré ennemi public, quiconque professera d'abandonner nos colonies et nos frontières à l'étranger.

Art. 56. La France, sans égard pour les traités forcés de 1815, rentre dans ses limites naturelles du traité de 1814 avec les souverains alliés; elles sont au *nord*, le Rhin, jusqu'à la mer; à l'*est*, toutes les Alpes; au *sud*, les Pyrénées, la Méditerranée; et à l'*ouest*, l'Océan et la Manche, etc.

Art. 57. Le chef de la République devant présenter chaque année, par un message, à l'assemblée nationale, l'exposé de l'état des affaires publiques, fixera dès lors les expositions nationales; il aura droit de signer les brevets et les pensions militaires; il donnera

au nom du peuple les croix, décorations et autres récompenses honorifiques et pécuniaires.

Art. 58. Il négociera les traités d'alliances et de
commerce, de paix et de guerre, offensive et défen-
sive.

Art. 59. Aucun traité n'est définitif qu'après avoir
été examiné et ratifié par l'assemblée nationale.

Art. 60. Le chef de la République a le droit de
faire grâce, mais il ne peut exercer ce droit que sur la
proposition du ministre de la justice, et après avoir
pris l'avis du conseil d'Etat ou de l'assemblée nationale
proposante.

Art. 61. Il promulgue les lois et décrets au nom du
peuple français et explique les ambiguités, les obscu-
rités, comble les lacunes, de concert avec le conseil
d'Etat, par des ordonnances ou arrêtés provisoires, jusqu'à révision du décret ou de la loi.

Art. 62. Les lois d'urgence sont prumulguées dans
le délai de deux jours, et les autres lois dans celui de
huit jours, à partir de la transmission qui en est faite
par le président de l'assemblée nationale au chef du
pouvoir exécutif.

A défaut de promulgation, quelqu'en soit la cause
et le motif de la part du chef de l'Etat, dans les délais
fixés, il y serait pourvu par le président de l'assemblée
nationale, au nom du peuple, ou enfin par l'assemblée
nationale elle-même.

Art. 63. Le chef de l'Etat préside le conseil des
ministres, reçoit les envoyés et ambassadeurs quelconques des puissances étrangères, accrédités auprès de la
République française.

Art. 64. Il préside à toutes les grandes solennités
de l'Etat, à l'ouverture de l'assemblée, et annonce la
fin de chaque session.

Art. 65. Il est logé aux frais de l'Etat, et reçoit un
traitement annuel de 200,000 francs.

Art. 66. Il réside partout où siége le gouvernement,
et en cas d'occupation ou d'incendie de la capitale
ou d'autre partie du territoire français; en cas du
voisinage de l'ennemi, ou pressé par une insurrection
quelconque, il siégera ainsi que l'assemblée nationale,

dans la ville de Lyon, deuxième ville de France, qui deviendra la capitale, ou à défaut, dans la ville la plus centrale et forte, restée vierge d'hostilité.

ART. 67. Le chef de l'Etat nomme et révoque les ministres, pour. motifs extraordinaires.

ART. 68. Il nomme et révoque en conseil ministériel, les agents diplomatiques, les généraux et commandants militaires de terre et de mer, les préfets, si les départements négligent de les nommer.

Les commandants supérieurs des gardes nationales de la Seine et ceux des départements, le maire ou préfet de police de la capitale, les consuls de commerce, les gouverneurs des colonies, de l'Algérie, et de la banque de France, les procureurs généraux et autres fonctionnaires d'ordre supérieur ; choisit dans les candidats présentés par le clergé électeur, les évêques et archevêques...

ART. 69. Il nomme et révoque les agents secondaires du gouvernement, sur la proposition du ministre compétent.

ART. 70. Il a droit de suspendre, pour deux mois au plus, les maires des villes et autres agents principaux du pouvoir exécutif, élus par leurs concitoyens réunis ; et s'il y a eu violation de la loi, il les annule, autrement il ne peut les révoquer que par décision du conseil d'Etat et sur la demande motivée du conseil général de leur département respectif.

ART. 71. La loi détermine les cas et motifs de gravité où les agents révoqués peuvent être déclarés inéligibles aux mêmes emplois salariés.

ART. 72. Un jury seul, compétent, des lieux du litige, prononcera sur cette déclaration d'inéligibilité. Le pouvoir législatif fixe le nombre des ministres, leurs attributions et leurs honoraires annuels.

ART. 73. Tous les actes administratifs du chef de l'Etat, étrangers à la nomination ou à la révocation des ministres, n'ont d'effet que lorsqu'ils sont contre-signés par le ministre que cela concerne.

ART. 74. Le président ou chef d'Etat, les ministres, les agents supérieurs et tous dépositaires de l'autorité publique, sont tous responsables, chacun en ce qui les concerne, de tous les actes d'administration et de gouvernement.

ART. 75. Une loi fixera les cas de responsabilité, le mode de poursuite et les garanties des fonctionnaires salariés.

ART. 76. Tous les ministres sont admis et peuvent siéger à un des bancs qui leur est destiné dans l'assemblée nationale, où ils ont droit d'être écoutés sur l'objet motivé de leurs demandes.

ART. 77. L'assemblée nationale, sur la présentation de son président, nomme son vice-président et son secrétaire général, dans le délai des vingt jours qui suivent son élection immédiate. En cas d'empêchement quelconque du président, le vice-président ou le doyen d'âge le remplacera dans sa magistrature.

Si le président donnait sa démission, s'il était condamné pour crimes, ou si son décès amenait une vacance de siége, dans le mois même, un nouveau président serait élu.

SECTION IV.

Conseil d'Etat.

ART. 78. Le conseil d'Etat sera composé de 50 membres au plus.

Le vice-consul ou vice-président de la République, préside de droit le conseil d'Etat.

ART. 79. Les conseillers d'Etat sont nommés pour cinq ans, par l'assemblée nationale et pris dans son sein ou hors de l'assemblée, dans le premier mois de chaque législature, au scrutin secret et à la majorité absolue. Ils sont indéfiniment rééligibles.

ART. 80. Ceux des représentants nommés au conseil seront remplacés par de nouvelles élections départementales.

ART. 81. Les membres du conseil d'Etat ne sont révocables que par l'assemblée nationale elle-même, et sur la proposition motivée du chef de la République.

ART. 82. Sur des causes d'importance et de gravité, l'opinion publique sera consultée par l'insertion dans les journaux principaux, et le rapporteur de l'assemblée fera part de ce qui sera dit ou écrit à cet égard.

Le pouvoir exécutif dépend du pouvoir législatif et celui-ci du peuple.

Le conseil d'Etat ne peut, sans nullité, rétablir les lois opposées au gouvernement établi.

Les droits du peuple sont distincts de la force du pouvoir exécutif.

ART. 83. Le conseil d'Etat a pour fonctions, de préparer les projets de lois qui émanent du gouvernement, et d'examiner ceux qui lui sont présentés par l'assemblée, qui en a l'initiative parlementaire.

Il fait les réglements d'administration publique ; sur la délégation spéciale de l'assemblée nationale, et à la demande des ministres il donne son avis sur les mesures à prendre, et statue comme tribunal administratif.

Il exerce, sur les administrations municipales et départementales tous les pouvoirs de contrôle et de surveillance que la loi lui a déférés.

Une loi particulière réglera ses autres attributions, ses limites et traitements annuels.

ART. 84. A l'expiration de ses fonctions, le chef et le sous-chef du gouvernement ainsi que les ministres, sont de droit tous conseillers honoraires d'Etat. Mais aucune dépense ne peut se faire, excédant le budget annuel, sans l'autorisation préalable de l'assemblée nationale.

SECTION V.

Administration intérieure.

La division actuelle du territoire en départements, arrondissements, cantons et communes, peut être améliorée par la loi.

ART. 85. 1° Tout département de la France est administré par un préfet, et composé d'un conseil général, d'un tribunal administratif, faisant fonctions de conseil préfectoral ;

2° Dans chaque arrondissement un sous-préfet ;

3° Dans chaque canton est un conseil composé des maires de toutes les communes du canton et du juge de paix ou de son premier assesseur.

4° Chaque commune est administrée par un maire, ses adjoints et son conseil municipal.

ART. 86. Le conseil municipal choisit dans son sein le maire et les adjoints, sous la surveillance du conseil préfectoral.

ART. 87. Une loi déterminera les attributions des conseils généraux d'arrondissement, des conseils cantonnaux et des conseils municipaux.

ART. 88. Les préfets, les sous-préfets, les commissaires de police, les conseils généraux et les conseils municipaux sont élus pour cinq ans par le suffrage direct de tous les citoyens domiciliés dans le département ou la commune depuis un an. Les séances et audiences sont en général publiques aux préfectures et aux mairies, et le budget départemental et municipal y est publiquement débattu, sauf les cas où le huis clos serait décidé à la majorité du conseil.

Une loi spéciale réglera le mode d'élection convenable dans la capitale et dans les villes de plus de 100,000 âmes.

ART. 89. Pour causes de troubles, de dénis de justice, d'empiètement, d'abus de pouvoir graves ou de rebellion contre le pouvoir souverain, les conseils généraux et les conseils municipaux peuvent être provisoirement dissous et les préfets suspendus et destitués, même de l'avis du conseil d'Etat ou de l'assemblée nationale.

Améliorations communales.

La propriété dans les lieux habités et la solidité des constructions.

ART. 90. L'hygiène public, le pavage à la chaux de toute ville et village, l'éloignement des fumiers, l'élargissement des rues étroites les plus fréquentées, la sûreté, la salubrité de toutes les communes de France, et l'extinction des causes d'infection et de maladie, le creusement des canaux, l'endiguement des fleuves et rivières, l'entretien de leurs lits et d'aqueducs, le dessèchement des marais, le boisement des montagnes, des bruyères; le défrichement des terres incultes, des landes et des terrains mecailleux, l'entretien des

2

chemins vicinaux et des routes aux frais des départements et des communes, seront sous la responsabilité
des inspecteurs, des voyers des communes et des départements qui en auront la charge spéciale.

Toute maison ou appartement loué comme habi-
table, et complet et qui loin de l'être, menace la sûreté,
la santé du locataire, ne doit point de loyer jusqu'à sa
mise en bon état; et tout bail pour cette cause peut
même se résilier.

Art. 91. Des comices agricoles seront établis dans
toutes les préfectures et sous-préfectures de France.
Là, des récompenses nationales seront décernées à
tout agriculteur qui aura amélioré, augmenté les pro
ductions utiles de son arrondissement, la culture des
mûriers, des scorsonères, du bon jardinage et les plus
beaux fruits, etc. Une exposition des fleurs, fruits et
objets d'art d'agriculture aura lieu dans chaque chef-
lieu de préfecture.

Les mêmes jours des médailles d'honneur seront
données aux bienfaiteurs de l'humanité, aux hommes
qui se seront dévoués à sauver et préserver leurs sem-
blables des eaux, des incendies ou des animaux mal-
faisants et des émeutes.

Art. 92. Les causes d'immoralité seront anéanties,
des maisons religieuses de refuge et de providence pour
les orphelins des deux sexes seront protégées partout et
surveillées par l'autorité compétente. Là, les enfants
seront habitués à un travail court, facile, à une nour-
riture saine et à une instruction morale convenable.
Dans toutes les villes il y aura des salles d'asyle pour
les petits enfants des ouvriers.

Art. 93. Une fête de rosières sera établie dans chaque commune : la plus vertueuse et laborieuse y sera
couronnée par l'autorité civile et religieuse, le jour de
la fête patronale, si elle se rencontre dans la belle
saison.

Art. 94. Tous les emplois civils seront de préférence donnés aux bacheliers ès-lettres, gens probes et
capables, mais mariés.

Art. 95. Tout excitateur à la débauche, à l'immoralité, tout séducteur de jeunes personnes, sera inha-

bile à l'élection et aux emplois, s'il ne répare honora-
blement les scandales donnés, soit en épousant la personne séduite si elle est libre, soit en l'indemnisant par
un secours pécuniaire dans l'état maladif ou de pénurie
où il l'aurait réduite, sans préjudice des peines et poursuites légales et d'office des procureurs nationaux.

ART. 96. Dans toutes les villes de France de plus de
6,000 ames, il y aura des bains publics et un médecin
gratuits, pour les ouvriers; et dans celles qui sont près
des fleuves et rivières, il y aura de plus une école de
natation et de gymnastique décente et gratuite; chacune de ces villes sera toujours, tenue d'entretenir un
grenier d'abondance ou réserve de céréales et de charbons proportionnément à la population locale.

ART. 97. Toute ville manufacturière aura son tribunal électif et sa chambre de commerce et de prud'-
hommes, composés moitié d'ouvriers maîtres, et moitié
de fabricants.

Le talent ne doit pas être enfoui, ni la lumière placée
sous un boisseau.

Tout impôt est établi pour l'utilité commune et
chacun y contribue en proportion progressive de ses
facultés, de sa fortune et de ses revenus; la loi fixe le
chiffre minime du gain et du revenu, ou l'impôt atteint
le propriétaire, le rentier et l'industriel pour l'entretien
de l'Etat.

Tout débiteur au-dessus de 200 fr., est intéressé et
tenu de déclarer au percepteur de son canton, quel est
son créancier prêteur, à qui des rentes sont dues pour
en obtenir décharge proportionnelle sur sa propriété ou
son industrie.

A dater de la présente tout débiteur de créance honnête et légitime, doit à ses créanciers, jusqu'à fin de
payement ou de remise obtenue; et tous ses biens et
toutes ses pensions, s'il y en a, s'il en acquiert, sauf
ce qui est nécessaire à s'alimenter, se vêtir et se loger
simplement, lui et sa famille, servent à désintéresser
ses créanciers; tout héritier de débiteur, même l'Etat,
paye ses dettes s'il n'accepte l'héritage sous bénéfice
d'inventaire; cependant toute dette non réclamée, au
moins devant la justice de paix, se prescrit par cinq

ans, et les créances de l'Etat se prescrivent selon les codes, une loi règle les cas extraordinaires des débiteurs faillis ou insolvables.

Tout marchand ne peut vendre qu'au poids et à la mesure légale de la France.

Aucun fonctionnaire ne peut être révoqué sans motifs écrits, ou même sans jugement.

Toute délégation politique de société à individu, ou à société, peut être restreinte ou interdite pour abus grave, motivée par l'autorité compétente et sous sa surveillance; Il eu est de même de toute permanence de société politique hors le cas d'oppression.

Art. 98. Tout chef-lieu jouira d'une caisse d'épargne et de prévoyance, d'une école publique et d'autres écoles professionnelle, d'agriculture, etc., d'un bureau de nourrice gratuit, pour les enfants d'ouvriers et journaliers, ainsi que d'un hospice pour les orphelins, pour les malades, les blessés et infirmes. Des bureaux de bienfaisance et d'indication seront établis pour secourir les vieillards et faire placer sans frais les ouvriers valides sans travail.

Une caisse de prêt et d'avance sera établie à 4 $^o/_o$, pour aider les entreprises utiles, les propriétaires et les travailleurs associés, offrants garantie sûre ou cautions, sous la surveillance de l'Etat.

Art. 99. Toute mendicité sera défendue en France ainsi que le vagabondage.

Art. 100. Tout chien errant abandonné, sera abattu surtout s'il est enragé; le propriétaire, condamné à 25 fr. d'amende et aux frais; il est également défendu de maltraiter, mutiler et tuer des animaux domestiques sur la voie publique, sous peine de 10 francs d'amende. Tout marchand de remèdes secrets non autorisés ou dangereux, sera poursuivi et privé même au besoin de ses droits civils.

SECTION VI.

Droits individuels des villes, impôts et dégrèvement.

Art. 101. Les droits d'octroi sur le vin et la viande ordinaires seront partout modérés, réduits d'un tiers

dans les villes de 100,000 ames. Tout complot d'association d'accaparement, dont le but est de tenir à un
prix élevé les objets de première nécessité, tels que
vins, blés, viandes, charbons et bois de chauffage
communs, sera poursuivi d'office par les procureurs
nationaux sur la plainte à eux portée, avec preuve
certaine.

ART. 102. La répartition des impôts et patentes
n'exceptera que l'ouvrier journalier payant au-dessous
de 150 francs de loyer par année dans les villes, et
100 francs à la campagne.

ART. 103. Tout le classement des arts et métiers
sera revu avec soin. Les notaires, avoués, greffiers,
huissiers, commissaires priseurs, courtiers et médecins
seront classés comme avant 1835, et imposés selon
leur importance graduelle. Il en sera de même des
rentiers et capitalistes qui seront classés et imposés
avec modération et progressivement, dès qu'ils jouiront,
bien portants, de plus de 1,000 de rente annuelle.

ART. 104. Toute maison de communauté de métiers, d'association, d'ateliers, de banque, de fabrication, de commerce, sera imposée proportionnelle-
ment à ses bénéfices présumés, jusqu'à preuve con-
traire.

ART. 105. Le droit de poste sera divisé en trois taxes
cathégoriques à l'intérieur : 1° celle de 200 kilomètres
et plus, du lieu de départ, 50 cent.; 2° celle de 100 kilomètres, 25 c.; 3° celle de 25 kilomètres de distance du
lieu de départ, pour lettre ordinaire, 15 cent. Le droit
de petite poste restant en dehors. La taxe, de la frontière
à nos colonies sera modérée, et la taxe militaire main
tenue.

ART. 106. Toute lettre et pétitions adressées aux
ministères, au gouvernement et celles à M. le président de l'assemblée nationale et législative, sont af-
franchies par Etat.

ART. 107. La loi sur les prix des brevets d'invention
sera modifiée et leur grande durée, leurs droits, seront
réduits et modérés.

ART. 108. Toute vente de marchandises nomades,
dites de passage ou de déballage, dans une ville de

deuxième classe comme Lyon, qui durerait plus d'une semaine, est assimilée à un droit de patente de vente des mêmes articles pendant six mois dans la même ville.

ART. 109. Des lois somptuaires provisoires pourront être établies, au bénéfice des villes de France endettées. Elles feront porter une taxe modérée annuelle sur les chiens de luxe et de chasse, et le droit de chasser, sur les livrées, titres, équipages et domestiques; sur les vins fins et les liqueurs fines, gibier, lièvres, cerfs, etc.

ART. 110. L'Université de France, les écoles polytechnique et de marine, celle dite normale, les facultés de droit, de médecine, des arts et métiers et de théologie, sont maintenues, une loi réglera les attributions et traitements des professeurs, recteurs et autres fonctionnaires. Tout bachelier ès-lettres, probe et bien famé, aura droit de préférence aux candidatures d'emplois vacans dans le civil et l'enseignement public. Toutes les villes de second ordre, tels que Lyon, Marseille, etc., ont le droit d'avoir les quatre facultés scientifiques comme Paris.

ART. 111. Aucun assignat ou autre papier monnaie ne peuvent être rétablis en France, autres que les billets de banque et bons du trésor en cours, sans la volonté nationale librement manifestée à cet égard.

ART. 112. Tout chant provocateur au désordre et à la haine des citoyens et des cultes, toute pièce licencieuse, immorale, seront proscrites des représentations théâtrales, et leur vente sur la voie publique est interdite.

ART. 113. Tout titre et décoration qui ne nuisent pas à la majorité nationale, sont maintenus à vie, comme appartenant à des français libres.

Mais nul ne pourra porter de décoration étrangère et servir à l'étranger, sans la volonté du gouvernement, sous peine de perdre sa qualité de français, qu'il pourra recouvrir, un an après, par sa déclaration de revenir en France; au gouvernement seul appartient le droit d'accorder des titres honorifiques bien mérités.

ART. 114. Quiconque emporte l'industrie à l'étranger et une valeur de cinq mille francs, monnayés de France, perd son droit de citoyen français et sera puni selon la loi s'il est pris. Le cas de proscription est une exception réhabilitoire à la loi.

Art. 115. L'impôt foncier et le droit de porte et fenêtre seront modifiés pour profiter au *prorata* sur les locations ouvrières.

Art. 116. Tout pays dont la production est grêlée ou abîmée par des pluies extraordinaires, des nappes d'eau, de la foudre ou des tempêtes ou dont la propriété est entraînée par des torrens, des débordements de fleuves, de rivières ou de la mer ; tout pays victime d'éruption de volcans, de tremblements de terre, de maladies contagieuses, épidémiques, de sécheresse, de la guerre civile ou étrangère et de tous autres fléaux, ce pays là, sera dégrévé, à proportion, d'un ou des impôts qu'il paye ordinairement, et cela pendant un an ou plus.

Art. 117. Toute commune et son département répondent civilement des destructions, des dégats, incendies et démolitions, de tout vandalisme fait contre les propriétés, sauf le recours de droit contre les coupables, quels qu'ils soient.

Art. 118. Aucune ville ne peut être mise en état siége que par une loi spéciale et pour des faits graves motivés, mais sa durée ne peut dépasser un mois.

Art. 119. La garde nationale d'une ville et d'autres communes ou d'un département, ne peut être dissoute ou désarmée sans motifs graves et d'urgence, et dans le cas où tel ordre serait donné et exécuté par le pouvoir gouvernemental ou par un de ses ministres, préfets ou généraux, ladite garde doit être reconstituée dans le délai d'un mois au plus, sous la responsabilité du fonctionnaire ; mais tout français majeur, sans domicile d'un an au moins, ne peut forcer à être armé dans le lieu où il se trouve.

SECTION VII.

Organisation du travail, droit et Mercuriale.

Art. 120. Le travail est une propriété progressive qui honore l'homme, c'est un devoir et un droit. Le peuple de France et de ses colonies, a déclaré vouloir *vivre en travaillant;* de son côté le gouvernement français assure, autant qu'il le peut, à tous les citoyens paisibles, l'exercice et la protection constante de leur droit au travail, chacun dans sa spécialité, avec un juste et proportionné salaire garanti. La justice sociale intervient dès que l'ouvrier ne peut plus vivre.

Art. 121. En conséquence, pour régler toute chose légalement en cas de contestation de la part de l'ouvrier travailleur ou du maître et marchand, le tribunal des prud'hommes est gratuit, et institué largement dans ses arrêts et conseils qu'il rédige devant les parties en litige.

Art. 122. Ce tribunal est composé moitié de maîtres ouvriers domiciliés, et moitié de maîtres marchands fabricants, tous représentants des professions les plus générales et nombreuses de chaque localité. Chacun des juges prud'hommes connaissant bien le genre des professions qui comparaissent à leur barre, ou à défaut, ils seront guidés et s'éclaireront d'experts dans les débats de la cause, et leur jugement sera motivé.

Art. 123. chaque juge veillera en tout ce qui le concerne au maintien des réglements, et d'une égale justice pour le salaire dû à chacun selon son œuvre, examinée avec soin et impartialité.

Art. 124. Tout capitaliste est un dispensateur et fournisseur alimentaire du travailleur. Le salaire qu'il donne peut se compter à la *journée, aux pièces;* aux *poids*, à la *mesure* et au *compte* courant. Le capitaliste ne peut rester inactif, ni enfouir son trésor.

Art. 125. La quantité d'heures pour les travaux pénibles de l'ouvrier, de la femme et de l'enfant, est fixée à la journée de dix heures par jour, sauf pour les travaux d'urgence et de la campagne, où les heures occupées en plus, sont indemnisées au prorata du prix usuel.

Art. 126. Le marchandage abusif est aboli en France et dans ses colonies, ainsi que toute exploitation de l'homme par l'homme.

Art. 127. Le fini de l'ouvrage, et sa réduction ou son développement, là, où les matières et le temps qu'un ouvrier ordinaire y emploie, font la proportion du prix individuel du travailleur.

Art. 128. Le salaire cependant, comme tout traitement tarifé, pour tout genre d'ouvrage ou de travail quelconque, est encore subordonné et proportionnel au prix des denrées abondantes où de la disette des marchandises vendues ou à vendre ; enfin au prix des impôts et d'autres faits de circonstance qui existent dans la localité.

Art. 129. L'habileté de l'ouvrier et sa force sont un avantage en dehors du terme moyen, comme la lenteur minutieuse et la faiblesse en sont le défaut volontaire ou même naturel à l'individu travailleur.

La fraîcheur du travail, l'exécution des conventions sur les patrons, modèles ou dessin, comme l'ouvrage gâté ou la matière qui y entre étant mauvaise ou inférieure et mal assortie, font le sujet de l'examen des ouvriers et maîtres, des experts et des juges prud'hommes.

Une mercuriale raisonnée ou tarif trimestriel, ostensiblement affiché dans l'atelier, indiquera les prix courants des ouvrages locaux.

Tout salaire ou prix d'ouvrage fait selon l'art et le temps fixé, ne peut porter atteinte au nécessaire et à l'entretien de chaque jour, une commission mixte élue, fixera le prix des façons à chaque saison pour les objets de luxe ou nouveautés.

Art. 130. Tout cumul de professions est défendu sans patente.

Art. 131. Toute association civile d'ouvriers, toute communauté religieuse unie par le travail, est un droit sacré de la liberté, mais toute concurrence abusive de prix trop bas en main d'œuvre et de vente préméditée pour nuire à la masse des ouvriers travailleurs et des marchands, est délit punissable.

Art. 132. Toute concurrence illimitée, détériorant la matière, la confection des couleurs et la bonté des objets et avec dessein de nuire, est défendue sous peine d'amende proportionnée.

Tout ouvrier étranger ne peut être maître en France, ni faire concurrence, ni prendre des prix faits et avoir des apprentis sans patente et sans droit de naturalision.

Art. 133. Toute pièce d'étoffes de soie etc., fabriquée récemment hors des murs de toute grande ville manufacturière de soieries, paie un droit d'octroi d'entrée dans ladite ville par mètre, et le prêt sera versé dans la caisse des secours-ôuvriers invalides ou sans ouvrage.

La soie teinte ne peut sortir de France sans payer par kilogramme un droit égal à celui de sa fabrication.

Toute égalité de salaire tue l'émulation, enfante la paresse, mais le salaire qui varie selon les œuvres, est salutaire. A tout travailleur qui veut mettre son gain et sa santé à profit, la loi et son grand intérêt lui recommandent d'avoir en tout de l'ordre, de la tempérance des mœurs, de la sobriété et de l'économie; de fuir les jeux et les modes coûteuses, et de mettre en sûreté et à intérêt ses économies en temps prospère: pour cet effet tout jeu de hasard est défendu en France.

Art. 134. A cet effet et pour l'ouvrier sont établies les *caisses d'épargnes* et de *prêt* dans toute ville d'ouvriers et de manufactures. Le gouvernement n'y pourra rien emprunter ni dénaturer sans le consentement général des placeurs et sans garanties.

Une loi sur les douanes diminuera les droits sur les matières premières, étrangères, nécessaires à nos fabriques, mais elle augmentera les droits des étoffes étrangères et d'autres objets moins utiles fabriqués chez nos voisins.

Art. 135. Tout travailleur répond avec garantie de son œuvre et de la matière confectionnante qui lui est confiée. La vendre, la soustraire à l'insu du propriétaire est un vol. Nul ne pourra quitter son travail entrepris, et surtout celui qualifié de commission pressante, fixée avec datte, sans cas et motifs graves, extraordinaires et imprévus, sous peine de responsabilité et de perte du prix de l'ouvrage commencé ou fini. Il en sera de même pour l'ouvrage mal fait ou pour matière gâtée étant livrée bonne.

Art. 136. Toute profession nuisible à la santé, telles que fabriques d'acides, de céruse et autres objets odorants, infects, insalubres, tels que gaz et l'art du verrier, ont un prix fixé et exceptionnel suffisant, etc. Ici, comme chez le fondeur, le chauffeur, le boulanger, le maçon, le ferblantier et le charpentier etc., toute amélioration salutaire à la santé, à la sûreté de tous, est recommandée et ordonnée par le gouvernement qui récompensera les inventeurs; une loi réglera cette spécialité.

ART. 137. Une caisse départementale de secours ouvrier, est établie pour l'ouvrier septuagénaire ou invalide, où l'ouvrier, au moyen du prix des amendes encourues pour les délits d'ouvrage mal fait ou mal payé et pour le deux pour cent de retenue fait par le maître fabricant sur les façons de l'ouvrier ou sur les faits abusifs des maîtres condamnés par le tribunal des prud'hommes.

De l'apprentissage, des conditions et charges.

ART. 138. Une des causes du malaise social des ouvriers, vient du nombre toujours croissant des apprentis des deux sexes qu'ils font, c'est ce qui compromet leur avenir et le travail.

ART. 139. Aucun maître ou maîtresse ne pourra faire, par année, plus d'un apprenti dans la même ville, sauf l'apprentissage de droit de ses enfants, ses successeurs naturels.

ART. 140. Tout apprenti venu de la campagne où il est né, payera un droit de 300 fr. que déboursera en avance le maître ou la maîtresse d'apprentissage, à défaut des parents, à la caisse départementale des secours-ouvriers; mais avant toute convention close, les maîtres ou maîtresses transcriront tout entier et annexeront à la convention d'apprentissage le certificat de bonne vie, mœurs et d'aptitude du maître ou maîtresse, délivré par le président du tribunal des prud'hommes; autrement toute convention d'engagement serait nulle.

ART. 141. L'apprenti des deux sexes sera souvent visité, patroné, même censuré moralement, et surveillé par un des prud'hommes désignés par son tribunal.

ART. 142. Tout apprentissage d'étranger non naturalisé est défendu en France, et dans le cas de naturalisation française, il payera comptant à la caisse des secours ouvriers, un droit proportionnel de 500 fr. à 1,000 fr. pour être reçu en apprentissage.

Art. 143. Tout ouvrier français ne pourra porter son industrie à l'étranger sans perdre par jugement tous droits en France, indépendamment de la saisie de ses biens et héritage à venir, jusqu'à ce qu'il soit venu purger sa contumace et s'amender ou se justifier sur ses réelles intentions ; cependant, la proscription est une excuse à l'industriel fugitif à l'étranger.

Art. 144. Dans chaque corporation les ouvriers associés jouiront en paix de leur caisse de bienfaisance et secours mutuels, pour leurs malades et invalides, jusqu'à la fusion commune des diverses caisses en une seule caisse départementale de secours-ouvrier ; leur trésorier et présidents s'adjoindront un censeur ou courrier moniteur, qui fera respecter le travail et les mœurs, et placera gratis tout travailleur capable et bien famé.

Art. 145. Tout ouvrier valide qui refusera de travailler ayant de l'ouvrage, sera repoussé comme fainéant, vagabond, de sa corporation respective ; et il sera surveillé dès lors par la police locale.

Art. 146. L'ouvrier invalide, honnête, jouira jusqu'à sa mort, s'il en a besoin, d'un secours de la moitié d'une journée d'ouvrier ordinaire, au sein de sa famille ou dans un hospice agréable établi sur un lieu sain et en bon air, il sera nommé l'*Asile du travailleur*.

Art. 147. Tout négociant honnête ruiné par des revers y aura le même droit.

Commerce.

Art. 148. Les jeux de bourse et ventes d'actions d'entreprises publiques et agiotages, sont défendus.

Art. 149. Une caisse auxiliaire de commerce et de prêt fondée par le gouvernement, composée d'une avance de plusieurs millions, sera la source où viendra puiser à quatre pour cent d'intérêt, le négociant solvable fournissant au besoin caution, ou enfin de la marchandise bien fabriquée en garantie, sur récépissé et dont l'Etat facilitera l'écoulement et les débouchés.

ART. 150. Tout prêteur à usure sera vivement poursuivi partout où il sera réellement signalé ; mais pour servir d'autre part de contrepoids à l'égoïsme mercantile de certains spéculateurs ; une maison centrale et départementale de commerce, de travail d'ouvriers réunis en société, sera au besoin établie aux frais et avances de l'Etat et sous sa surveillance.

ART. 151. Un million de francs à quatre pour cent d'intérêt annuel, servira de fonds aux emplettes des matières premières et des ustensiles, où l'ouvrier intelligent et probe viendra chercher du travail à un prix sufffisant et classé selon ses œuvres, et où les avances faites par l'Etat seront remboursées par fractions au fur et mesure des bénéfices faits sur les ventes qui seront facilitées, au besoin par le concours de l'Etat et sous l'inspection d'un agent national et d'un réglement de contrôle et d'administration publique ; là, l'ouvrier travailleur de cette maison prendra l'engagement d'y acheter, au prix courant, ce qui lui serait nécessaire.

ART. 152. Tout négociant bailleur de fonds ou d'industrie pourra s'y associer.

ART. 153. Un censeur fraternel est établi pour surveiller l'ordre et les mœurs dans tout atelier nombreux.

ART. 154. Tout métier industriel, ustensiles, agrès, outils perfectionnés portés à l'étranger, sont saisis à la frontière, et les auteurs et complices du transport seront condamnés de cinq mois de prison à deux ans, et aux frais et dépens.

ART. 155. Tout citoyen industriel fabricant, établi depuis quatre ans à l'étranger, voulant conserver ses droits civils, doit rentrer en France avant l'expiration des cinq ans, ou déclarer au consul français de sa localité, qu'il veut conserver ses droits de citoyen français en prorogeant son séjour à l'étranger.

Le droit de naturalisation est réduit.

ART. 156. Le droit de portes et fenêtres et du foncier réduit, fixeront la diminution du prix des loyers d'ouvriers ordinaires.

ART. 157. L'introduction des matières premières de

l'étranger dont se servent le plus habilement, d'une part les nombreuses fabriques, manufactures et usines de France, les forges et les hauts-fourneaux et les moulins de diverses sortes, répartis sur presque toutes les communes, est autorisée, et cette importation suivra pour les matières de l'étranger et des colonies, la même loi de douane que pour les céréales.

ART. 157. Tout gouvernement, toute société ou individu étranger, créancier du gouvernement français, ne pourra retirer ses rentes, pensions, dettes et traités, que partie en billets de banque ou de maisons de commerce, un quart en marchandises ouvrées, au choix et à prix fixe, et l'autre quart en mounaie de cours.

ART. 159. La sortie de tout trésor de France est prohibée.

ART. 160. Toute usure est un délit poursuivi sévèrement par la loi qui en fixera les peines.

Quiconque prête à plus de dix pour cent dans le commerce, n'aura point de recours devant les tribunaux en cas de non-payement de la somme prêtée, s'il est prouvé que la retenue y est faite d'avance, et ce délit est en outre puni de plus de six mois de prison et aux frais dépens,

ART. 161. Des primes d'encouragement seront accordées par l'Etat à quiconque créera un nouveau genre d'industrie, de perfectionnement ou d'importations précieuses.

ART. 162. Les productions françaises les meilleures et les mieux confectionnées, seront les principales dont le gouvernement français se chargera de leur procurer des débouchés.

ART. 163. Tout failli non reconnu de bonne foi, est passible pendant dix ans de contrainte par corps, pour toute somme dépassant 500 fr., et il en est débiteur sa vie durant, et ses héritiers ne peuvent hériter de lui jusqu'à fin de payement, sans payer la dette comme acceptée par le fait, si la connaissance judiciaire leur en est donnée au décès par les créanciers.

ART. 164. Tout gouvernement étranger qui tenterait de paralyser notre crédit, nos relations commerciales et amies en vigueur avec les divers peuples du monde, ou qui imposerait un droit de séjour à nos nationaux, contrairement à ce que la fraternité française accorde à leurs nationaux eux-mêmes, la loi pénale du Talion lui serait en France justement appliquée en représailles.

Agriculture.

ART. 165. L'agriculture aura ses écoles de perfectionnement, et chaque département aura son cours d'agriculture, des arts et métiers et sa société de comices agricoles, et au moins une exposition départementale par an, des fleurs, des fruits, des légumes et des objets d'arts ruraux et autres, aux chefs lieux.

ART. 166. Chaque terrain vague sur les hauteurs de chaque département, sera boisé régulièrement, moitié aux frais de la commune et du département. Des récompenses et primes seront accordées à tout améliorateur et introducteur d'objets de prix, bois de travail, chanvres, prairies artificielles, vignes, moutons, races bovines et chevalines, etc.

ART. 167. Tout village sera redressé, assaini, sujet à voierie départementale, pavé et régulièrement bâti et pourvu d'eau salubre.

Les chemins vicinaux y seront empierrés et soignés sous la responsabilité des conseils municipaux.

Tous loups, renards, etc., et reptiles dangereux y seront chassés et abattus.

ART. 168. Tous les habitants de la campagne seront tenus d'envoyer leurs enfants aux écoles, si leurs parents ne les instruisent eux-mêmes.

SECTION VIII.

Pouvoir judiciaire, ses charges et ses emplois.

ART. 169. La justice en France est rendue gratuitement au nom du peuple; elle l'est à tous les degrés pour le pauvre et toutes les longues et inutiles formalités sont abrégées; tout se bornera donc aux faits et motifs dans tout débat et plaids de cause, selon le droit public et privé.

Art. 170. Le peuple, bien qu'il ait délégué ses pouvoirs au gouvernement actuel, se réserve à lui-même le droit de faire grâce à l'accusé qui en appellerait extraordinairement à sa conscience ; il se réserve aussi le droit de voler au secours des opprimés qui en appellerait à sa fraternité, quand même le chef de l'Etat s'y refuserait.

Art. 171. La liberté de la Presse, pour tout journal ou écrit, ne peut être suspendue que par jugement en forme dn Tribunal.

Art. 172. Tout français pourra se défendre et plaider sa cause avec modération et clarté ; chacun peut également servir, s'il est capable, de défenseur officieux, assisté d'un avoué. Toute cabale d'esprit de corps, est interdite au barreau français. Tout jugement doit être essentiellement motivé.

Art. 173. Les frais de timbre et d'enregistrement de taxe des gens de lois ; de droit de grossoyage de greffiers, de notaires, de juges de paix, d'huissiers et d'avoués et de tous agens salariés du barreau ou des administrations, est réduit de moitié.

Art. 174. Tous les traitements des fonctionnaires salariés seront révisés et modérés par une loi.

La loi réglera la compétence des jurisdictions, la nature et les attributions des divers tribunaux.

La vénalité et le cumul des charges sont à jamais abolis, sauf à racheter ce qui serait légal et de convenance.

Art. 175. Les cas de guerre, de troubles et d'autres fléaux capables d'arrêter le cours du commerce, font proroger les effets à échéance.

Art. 176. Une loi fixera l'âge, la quantité, les qualités et capacités nécessaires des juges, leurs jurisdictions et leur traitement dans chaque tribunal, et l'époque de leur amovibilité.

Art. 177. Les débats sont publics, à moins que la publicité ne soit dangereuse pour l'ordre et les mœurs, alors le président peut réclamer le huis clos.

Art. 178. Le jury s'applique en général aux matières criminelles, et suivant les cas et les formes que détermine la loi et son action s'étend aux matières civiles.

Art. 179. Les citoyens peuvent toujours faire prononcer en dernier ressort sur leurs différents par les arbitres qu'ils ont choisi.

Art. 180. Les juges de paix et leurs assesseurs ou suppléants, sont élus pour cinq ans au chef-lieu de canton par le suffrage direct de tous les électeurs domimiciliés dans le canton.

Art. 181. Les présidents des tribunaux de première instance et d'appel et les procureurs généraux, sont nommés pour cinq ans par le chef de l'Etat; tous les juges et conseillers nécessaires en appel sont nommés aussi pour cinq ans, mais ils le sont par les assemblées électorales du département, d'après l'ordre de candidature et d'ancienneté en magistrature, réglé par la loi d'organisation judiciaire qui fixera l'âge des retraites.

Cour suprême de Cassation en France.

Art. 182. Les juges de la cour de cassation sont aussi nommés pour cinq ans, savoir : le président et vice-président, par l'assemblée nationale. La cour de cassation ne juge pas le fond des affaires, mais elle juge souverainement les conflits de juridiction; mais tous ses membres ordinaires seront élus par tous les membres des tribunaux de France, votant par scrutin de liste au chef-lieu du département, et le dépouillement général fait à Paris.

Art. 183. Tout fonctionnaire et juges de l'ordre judiciaire, etc., peuvent être révoqués ou suspendus par un jugement, pour les causes et dans les formes que déterminent les lois.

Art. 184. Les conseils militaires de terre et de mer, les tribunaux de commerce, et autres tribunaux spéciaux, conservent leurs attributions actuelles, harmonisées avec les modifications des lois.

Dans chaque département un Tribunal administratif pourra statuer de droit sur le contentieux de l'administration, et son élection est quinquénale et départementale.

Art. 185. Tout fonctionnaire salarié, coupable d'un délit grave prévu par la loi, pourra être poursuivi aux périls et risques du plaignant ou réclamant devant tout Tribunal compétent, sans avoir besoin de l'autorisation du préfet, du conseil d'Etat, ou de celle du chef suprême de la République.

Art. 186. Tous les membres du Tribunal de commerce, son président, sa chambre et son greffier, seront nommés par tous les électeurs patentés, domiciliés du département pour 5 ans; une loi fixera le nombre des juges, leurs attributions et le traitement des fonctionnaires salariés.

Art. 187. Un Tribunal suprême, administratif est établi·pour prononcer sur tout le·contentieux de l'administration en France ; sa composition, ses attributions et ses formes sont réglées par une loi.

Art. 188. Les membres du Tribunal administratif sont choisis et nommés par le chef de la République, sur une liste de candidats présentés par le conseil-général de chaque département, et ils ne sont révoqués que sur des motifs écrits et signés du président du conseil et sur l'avis même du conseil d'Etat.

Art. 189. Les membres de la Cour des comptes ne sont nommés et révoqués que sur l'avis unanime du conseil d'Etat, demandé par le président de la République.

Un Tribunal spécial composé de juges de la cour de Cassation et de conseillers d'Etat, désignés pour cinq ans en nombre égal par leurs corps respectifs, régleront les conflits d'attribution entre l'autorité administrative et l'autorité judiciaire.

Le ministre de la justice présidera ce Tribunal.

Art. 190. Tous recours contre les décisions de la Cour des comptes seront portés devant la juridiction des juges des conflits. ·

Art. 191. Une haute Cour de justice, sans appel ni recours en Cassation, sauf le recours en grâce où l'appel extraordinaire au peuple, qu'aucun chef ne peut interrompre, juge les accusations portées par l'Assemblée nationale, soit contre ses propres membres, soit contre le président, consul ou chef de la République, ou ses ministres, soit enfin contre des chefs de conspirateurs et autres prévenus d'attentats ou complots contre la sûreté intérieure ou extérieure de la République.

Elle ne peut être saisie d'une cause quelconque sans décret formel de l'Assemblée nationale, qui aura d'avance désigné la ville où la cour siégera et rendra publiquement ses arrêts.

Art. 192. La Cour est composée de 100 jurés et de 25 juges en activité.

Les juges sont nommés au scrutin secret par la cour de Cassation et pris dans son sein, ils tirent au sort leur président.

Art. 193. Les magistrats destinés à remplir les fonctions d'accusateurs publics, sont désignés par le chef de l'Etat et dans le cas où ce chef suprême ou ce président serait accusé, l'Assemblée nationale désignerait elle-même les magistrats accusateurs publics. Les jurés sont pris au scrutin secret, parmi tous les membres des conseils-généraux des départements.

Art. 194. Lorsque la haute Cour de justice a été formée en vertu d'un décret de l'Assemblée législative, le président du Tribunal civil, celui d'appel, siégeant au chef-lieu ou non de chaque département, tireront au sort en audience publique, le nom de deux membres du conseil-général.

Art. 195. Au jour fixé pour le jugement, s'il y a moins de 70 jurés présents, ce nombre sera complété par des jurés supplémentaires, tirés au sort par le président de la Haute Cour, parmi les membres du conseil-général du département où siégera la Cour.

Art. 196. Les jurés qui n'auront pas produit d'excuse valable seront condamnés à un emprisonnement de trois à cinq mois au plus, et à une amende de 3 à 5,000 fr.

Art. 197. L'accusé et le ministère public auront le droit ordinaire de récusation, mais ils seront tenus de laisser le jury de jugement toujours composé de 30 jurés.

Art. 198. La déclaration du jury sur la culpabilité de

l'accusé, doit-être rendue à la majorité absolue des deux tiers des voix.

ART. 199. Dans tous les cas de responsabilité du chef de l'Etat, des ministres ou de tous autres agents du gouvernement, l'Assemblée nationale selon les circonstances plus ou moins atténuantes, ou les occurences et la compétence, peut renvoyer le fonctionnaire inculpé, soit devant la Haute cour de justice, soit devant le conseil d'Etat qui ne pourra prononcer que la peine d'interdiction des fonctions publiques pour la durée de 5 ans au plus.

ART. 200. Tout arrêt du conseil d'Etat portant l'interdiction de plus de trois ans, est rendu aux deux tiers des suffrages.

ART. 201. Les débats ont lieu en séance publique sauf au président à demander le huis clos.

ART. 202. L'Assemblée nationale et le chef de l'Etat, peuvent, pour des motifs et des faits graves, déférer l'examen des actes de tous fonctionnaires autres que le président suprême, ou les ministres, au conseil d'Etat, dont le rapport est livré à la publicité.

ART. 203. Le chef de la république n'est justiciable que de la cour de justice, sur toute accusation grave, qui peut être portée par l'Assemblée nationale, pour crimes et délits prévus par les lois.

SECTION IX.

Crédit National.

ART. 204. Le crédit public est basé sur l'économie, la prospérité de l'industrie, du commerce, de l'agriculture et des arts ; l'impôt réduit et le travail seront solidement organisés.

Force publique.

ART. 205. La force publique est constituée pour défendre l'Etat contre les ennemis du dehors et pour assurer au dedans le maintien de l'ordre, de la paix, de la justice, de la liberté, et l'exécution franche de la force à la loi.

Art. 106. La force générale se compose de toute la garde nationale sédentaire et mobile.

Art. 207. L'état entretient à sa solde, en temps de paix et de guerre, une armée de terre et de mer, et des corps spéciaux de gendarmerie, de zouaves, d'indigènes, de légions étrangères, etc., en force suffisante pour parer à tous les besoins de la patrie.

Art. 208. L'armée française se recrute par enrôlement volontaire, suivant la loi qui en règle le mode dans l'armée de terre et de mer, la durée du service, la discipline, la forme des jugements et la nature des peines.

Art. 209. L'armée s'entretient encore par le recrutement forcé à temps, au moyen du tirage au sort, de tout jeune français, âgé de 20 ans, valide, de la taille prescrite, et libre de tout motif légal d'exemption. La durée du service est de 5 ans dans l'infanterie et 7 ans dans la cavalerie, l'artillerie et la marine, sans vétérance. Le mérite seul y élève aux divers grades électifs.

Art. 210. Le remplacement militaire à temps, émanant du droit de la liberté individuelle avec garantie et solidarité réciproque, sans abus, est permis.

Art. 211. Le remplacement n'est admis qu'après examen sérieux fait en présence du Préfet du département, d'un médecin de régiment, d'un général ou d'un délégué, et après avoir passé sous la toise, et avoir préalablement déposé pour pièces, un acte de naissance, un congé militaire s'il y en a; un certificat de célibataire non flétri par la justice, et de bonne vie et mœurs.

Art. 212. La somme donnée par le remplacé au remplaçant libre, sera déposée à la caisse départementale ou à celle d'épargne ou hypothéquée sur le bien du remplacé pour être remis au temps prescrit à qui de droit, avec intérêt légal payé, par 6 mois.

La substitution des numéros du tirage est également admise.

Art. 213. La garde nationale se compose de tous les citoyens en état de porter les armes et sans autre motif légal d'exemption.

Ils sont soumis dès lors à une organisation que détermine la loi et dont le suffrage direct et universel est la base.

ART. 214. La force armée est obéissante au gouvernement, et à ses chefs légitimes selon les lois; nul corps d'armée ne doit délibérer, mais le général répond des ordres qu'il donne, et motive ceux qu'il reçoit et de qui il les reçoit dans son ordre du jour.

ART. 215. La force publique employée pour maintenir l'ordre à l'intérieur, n'agit que sur la réquisition des autorités constituées, suivant les règles données par le pouvoir législatif.

ART. 216. Aucune troupe étrangère ne peut-être introduite sur le territoire français, sans le consentement préalable de l'Assemblée nationale.

SECTION X.

Garantie des Droits.

ART. 217. La confiscation des biens est à jamais abolie en France et dans ses colonies.

ART. 218. Toute faute est personnelle.

Tout guet-apens judiciaire, est crime et entraîne la destitution du fonctionnaire coupable, et sa poursuite de droit.

ART. 219 La peine de mort est abolie en matière et pour les délits politiques.

ART. 220. Toute proscription, tout exil, cessent avec la vie. L'Etat doit à tous détenus des alimens quotidiens, sains, et un logement salubre.

ART. 221. Tout français des deux sexes, exilé ou proscrit, à droit de réclamer à ses frais, un tombeau dans sa patrie.

ART. 222. L'esclavage ne peut exister sur aucune terre française; mais la domesticité est libre.

ART. 223. La presse ne peut en aucun cas politique être soumise à la censure, mais tout journal politique doit un cautionnement modéré, en garantie pour tous, proportionnément à son format et à son quotidiénisme. Tout grand placard, ou affiche déposé avec permis, payera 5 centimes de timbre, et le demi, 2 centimes.

Art. 224. Tout citoyen a le droit d'imprimer et de vendre ses œuvres ; sauf les garanties dues au droit public et au droit privé ; savoir : celui de l'ordre social, des cultes et des bonnes mœurs, celui du bien d'autrui et de la réputation individuelle contre la calomnie, etc.

Art. 225. Toute société secrète, politique, est interdite ; l'autorité légale et la police ont droit d'entrée et de surveillance active et permanente, dans toute réunion civile, politique, religieuse, théâtrale, comité, club, etc.; où l'on discute sur la politique, et où l'on chante. Les présidents et chefs de club, répondent de l'ordre et des mœurs.

Toute réunion où se prêcheraient des provocations contre l'ordre, les lois, les mœurs et les cultes reconnus, ainsi que des calomnies réelles contre des français jouissants de leurs droits ; tout auditeur pourra rappeler le coupable à l'ordre, et sur plainte à l'autorité, s'il y avait continuité d'offenses, le lieu serait évacué par la force publique appelée, et le local politique fermé, toute délégation politique, secrète et la permanence nocturne, y sont interdites.

Art. 226. Aucune loi d'exception, aucun tribunal révolutionnaire terroriste ne peut-être mis en vigueur.

Art. 227. Deux peines ne peuvent être inculpés à la fois pour divers délits, et la loi n'a point d'effets rétroactifs ; nul ne peut arguer et s'appuyer sur la violation des lois.

Art. 228. Le secret des lettres et des consciences, ainsi que l'intention sans manifestation sont inviolables, et ne sont point réputés-action.

Art. 229. La connaissance des délits commis par la voie de la presse ou par tout autre moyen de publication, appartient exclusivement au jury, qui statue seul sur les dommages intérêts réclamés pour le fait et délit de presse.

Tous les délits politiques sont de la compétence exclusive du jury.

Cultes publics.

Art. 230. Chacun professe sa religion avec une

entière liberté, et reçoit de l'Etat, pour l'exercice complet de son culte, une égale protection.

ART. 231. Les ministres des cultes reconnus par la loi, jusqu'en 1848, ont seuls droit à recevoir un trai-traitement de l'Etat.

MM. les curés et vicaires desservants, des communes rurales pauvres et celles où les cultes sont mixtes, auront seuls une amélioration, étant en général sans casuel.

Cultes et Clergé. Enseignement.

Le chapitre épiscopal de St-Denis, est quant à présent supprimé, mais avec indemnité annuelle à MM. les membres.

ART. 233. Les maisons secondaires et les séminaires diocésains, catholiques, sont sous la dépendance de leurs évêques et archevêques respectifs.

ART. 234. Le religion catholique romaine, étant celle de la majorité des Français, continue de jouir de ses droits, à l'intérieur de ses temples, et à l'extérieur, de celui de sortir processionnellement aux *Fêtes-Dieu* et de *l'Ascension*; enfin de porter l'Eucharistie aux malades et de présider aux convois funèbres des catholiques.

Enfin, le clergé de chaque diocèse élit ses évêques et ses archevêques, et parmi eux, le chef de l'Etat propose au souverain Pontife de Rome, les cardinaux français à élire; au besoin un jury ecclésiastique, décide sur les questions qui concernent le clergé.

Le gouvernement reconnaît les fêtes nationales chômables de chaque culte établi sur tout le territoire de France et de ses colonies, et en protège les exercices au besoin.

ART. 235. La liberté d'enseignement est un droit de la famille qui s'exerce sous la garantie des lois et sous la surveillance morale de l'Etat.

Cette surveillance s'étend à tous les établisements d'éducation et d'enseignement, sans aucune exception.

ART. 236. Le domicile de chaque citoyen est un asile inviolable, dans lequel on ne peut pénétrer que selon les formes et dans les cas déterminés par la loi.

Art. 237. Nul ne peut être distrait de ses juges naturels.

Art. 238. La prise de corps pour dette, à partir de 500 fr., ne peut durer que 5 ans au plus.

Art. 239. Il ne pourra point être créé de commissions et de tribunaux extraordinaires, à quelque titre et sous quelque dénomination que ce soit.

Art. 240. Toute résistance à l'oppression réelle est un droit sacré. Nul ne peut être arrêté ou détenu pour son opinion, et pour ses actes, que suivant les prescriptions de la loi.

Tout acte d'arrestation arbitraire, illégale emporte la destitution et poursuite criminelle du fonctionnaire salarié, violateur.

Art. 241. Un Tribun honoraire du peuple, élu pour 5 ans, veillera à la défense des opprimés et des mœurs.

Art. 242. Toutes les propriétés sont inviolables, néanmoins l'Etat peut exiger le sacrifice d'une ou plusieurs propriétés, pour cause d'utilité publique, légalement constatée et moyennant une juste et préalable indemnité.

Art. 243. Tout impôt est établi pour l'utilité commune, il ne peut être vexatoire, ni tyrannique, mais il est proportionné à la fortune individuelle ou au genre d'industrie.

Aucun impôt ne peut être perçu qu'en vertu de la loi.

Art. 244. L'impôt direct n'est consenti que pour un an; les impositions indirectes peuvent l'être pour plusieurs années.

Art. 245. Le droit de réclamation pour surtaxe est suspensif contre poursuite en frais, jusqu'à réponse décisive du conseil de préfecture.

Art. 246. Les garanties essentielles du droit au travail, sont: la liberté même du travail, l'association volontaire, l'aptitude d'y concourir, un prix proportionné à l'œuvre, les conventions verbales ou écrites, l'égalité des rapports entre le patron et l'ouvrier, l'enseignement gratuit, l'éducation professionnelle, les institutions de prévoyance et de crédit, l'établissement et l'entretien par l'Etat de grands travaux d'utilité publique, destinés à employer, en cas de chômage, les hommes inoccupés, et à prévenir par un salaire honorable toute collision de la faim et du désespoir.

Art. 247. La constitution garantit la dette publique et les contrats, ainsi que tous autres droits et traitements des fonctionnaires en activité, jusqu'à révision.

Art. 248. Tous les titres et décorations, même étrangères, qui ne nuisent point à la sécurité publique, à la liberté fraternelle sont de droit maintenus.

Art. 249. La légion-d'honneur épurée, est conservée au mérite seul, ses statuts seront revisés, et harmonisés avec les principes de l'ordre républicain.

Art. 250. Le territoire de l'Algérie et des colonies, est déclaré territoire français, soumis à nos codes, mais pourra selon la gravité des circonstances être régi par des lois particulières.

Art. 251. Tout cumul d'emplois salariés dépassant deux mille francs est défendu; les jeux de bourse et d'agiot sont interdits et aucune charge ne peut être vénale à partir de 1848.

Art. 252. Tout emploi vacant ne sera donné qu'au mérite, aux capacités morales et mis en concours public, devant le peuple; un jury capable, assermenté, prononcera sur le choix du candidat.

SECTION XI. Modification.

Art. 253. La nation s'étant réservée le droit de changer ou de modifier sa constitution, mais non les garanties publiques et privées, déclare que : si, à la fin d'une législature, l'Assemblée nationale émet le vœu que la constitution soit réformée en tout ou en partie, il sera procédé d'après le vœu exprimé de l'Assemblée, et la résolution ne sera définitive qu'après trois délibérations successives, prises chacune à 20 jours d'intervalle et aux trois quarts des voix.

Art. 254. L'assemblée de révision ne sera nommée que pour trois mois ;

Elle ne s'occupera que de la révision pour laquelle elle aura été convoquée.

Néanmoins, elle pourra, en cas d'urgence, pourvoir aux nécessités législatives de circonstance.

SECTION XII.

Dispositions transitoires, Révisions.

ART. 255. Les Codes, lois, ordonnances et règlements existants, restent en vigueur, jusqu'à ce qu'il y soit légalement·dérogé.

Et toutes les autorités actuellement en exercice, continueront de rester en fonctions, jusqu'à la publication des lois organiques qui les concernent respectivement.

ART. 256. La loi d'organisation judiciaire déterminera le mode spécial·de nomination ou d'élections, pour la première composition des nouveaux tribunaux de la République française.

Les papiers-monnaies ou assignats ruineux de 1792, 93, ne pourront être rétablis, sans la volonté exprimée du peuple, spécialement consulté à cet égard.

La Constitution de la France, sera présentée en forme à l'acceptation du peuple.

FIN.

NOTES.

1° A l'appui des motifs des divers articles de ce projet vu seulement sous le rapport politique, le *culte extérieur* est même utile à diverses classes d'ouvriers qu'il occupe et au commerce. Laissons donc le culte libre pour tous!

2° Les jeunes gens veulent impatiemment des emplois, mais ont-ils tous assez de maturité, de capacité, d'expérience, d'indépendance. De 21 à 25 ans, ils auront acquis beaucoup plus de connaissances et de réflexion.

Toutes les fonctions mises en concours public écarteront l'intrigue, l'incapacité, et feront place au mérite.

3° Les veuves patentées et les femmes de lettres, indépendantes des servitudes du ménage seront aptes à voter, et pourquoi non?

Le remplacement militaire libre, est un droit sacré de la liberté... à Mazagran, les remplaçants ont montré le plus grand héroïsme; un soldat de famille riche, un artiste, est souvent un mauvais soldat: que feriez-vous, d'ailleurs, des familles, dont beaucoup de conscrits exempts du service, sont le soutien réel; qu'en feriez-vous dans les camps, dans les casernes; et surtout n'oubliez pas combien le remplacement rend au gouvernement, en actes, en enregistrements... Empêchons les abus, gardons le positif et le pratique

****